JOSÉ DE ANCHIETA
POESIA

por

EDUARDO PORTELLA

SOBRE A COLEÇÃO NOSSOS CLÁSSICOS

Desde sua criação, em 1957, a coleção Nossos Clássicos é instrumento fundamental para o ensino das literaturas brasileira e portuguesa. A seleção cuidadosa de textos dos principais autores de nosso acervo literário, acompanhada por estudo crítico elaborado por grandes especialistas e seguida de bibliografias, desperta o interesse de leitores iniciantes, conduz estudantes, ajuda professores, tornando cada volume fonte de referência agradável e de absoluta confiança.

NOSSOS CLÁSSICOS

Coleção criada por
ALCEU AMOROSO LIMA
ROBERTO ALVIM CORRÊA
JORGE DE SENA em 1957
Desde 2005, sob a coordenação de
BEATRIZ RESENDE
(UniRio/UFRJ)

JOSÉ DE ANCHIETA
POESIA

por

EDUARDO PORTELLA

Copyright © 2005 desta edição, Agir Editora
Todos os direitos reservados e protegidos pela Lei 9.610 de 19.02.1988.

Capa e projeto gráfico
João Baptista da Costa Aguiar

Cotejo
Alexandre Arbex
Marina Lima Rabelo

Revisão
Alexandre Arbex
Michelle Strzoda

Diagramação
DTPhoenix Editorial

Produção editorial
CASA DA PALAVRA

Assistente editorial
Renata Arouca

Todas as notas desta edição foram escritas por Eduardo Portella

CIP-Brasil. Catalogação-na-fonte. Sindicato Nacional dos Editores de Livros, RJ.

A554j	Anchieta, José de, 1534-1597 José de Anchieta : poesia / por Eduardo Portella. – Rio de Janeiro: Agir, 2005 (Nossos clássicos) Inclui bibliografia ISBN 85-220-0682-2 1. Anchieta, José de, 1534-1597 – Antologias. I. Portella, Eduardo, 1932-. II. Título. III. Série.

		CDD 869.91
		CDU 821.134.3(81)-1
05-2151		
06.07.05	08.07.05	010779

Todos os direitos reservados à
AGIR EDITORA LTDA.
Rua Nova Jerusalém, 345 CEP 21042-230 Bonsucesso Rio de Janeiro RJ
tel.: (21) 3882-8200 fax: (21) 3882-8212/8313

SUMÁRIO

Apresentação
    Anchieta, primeiro poeta brasileiro 11
    O autor e seu tempo 19

Antologia

    Do santíssimo sacramento 21

    De São Maurício 29

    Em Deus, meu criador 34

    Como vem guerreira! 36

    A Santa Inês 39

    Quando, no Espírito Santo, se recebeu uma
    relíquia das onze mil virgens 43

    Da ressurreição 54

    O pelote domingueiro 55

    Carta da Companhia de Jesus para o
    seráfico São Francisco 67

Ao P. Bartolomeu Simões Pereira... 71

Ao P. Bartolomeu Simões Pereira... 73

BIBLIOGRAFIA DO AUTOR... 76

BIBLIOGRAFIA SOBRE O AUTOR 78

APRESENTAÇÃO

ANCHIETA, PRIMEIRO POETA BRASILEIRO

O momento histórico no qual viveu o padre José de Anchieta caracterizou-se particularmente pela transição. Quase podemos dizer que tudo nele se fez em nome ou sob a legenda da transição. Antes de tudo essa transição se verificou por uma como que transferência de poderes do medievalismo ao renascentismo. O próprio feudalismo econômico começava, na Península, a dar lugar a uma forma de capitalismo mercantil, que só fez agravar-se com o desenvolvimento da indústria. E se assistíamos à fundação da Companhia de Jesus, sabíamos também do triunfo do calvinismo na França. Nessa atmosfera de instabilidade, a Inquisição portuguesa encontrou seu clima mais propício. Até mesmo a monarquia lusitana experimentou, nessa fase, o comando dos grandes de Espanha. O Brasil, por sua vez, começava a organizar-se com os seus governadores-gerais.

E Anchieta, como escritor brasileiro, sentia-se afetado no que lhe era mais grato: o seu instrumento lingüístico. Vivia-se, naqueles instantes, a chamada fase média do português. A própria língua era, portanto, uma língua de transição.

Como poeta que foi o primeiro do nosso quinhentismo, ao padre Anchieta corresponde, em nossas letras, o papel de iniciador de nossa poesia. Mas não é justo que apenas essa circunstância deva falar da sua poesia. Anchieta foi o primeiro poeta brasileiro sobretudo pelo sentimento "nativista", tão arraigado nele.

A participação de Anchieta na formação histórica do país foi de tal maneira intensa e fecunda que os seus historiadores, os seus biógrafos e mesmo os seus críticos quase sempre esquecem que ao lado do homem de ação lúcido, do colonizador obstinado, coexistia um escritor sensível, que construiu ou ergueu uma estética não apenas de abstrações, mas intencionalmente voltada para a evidência. Daí que, freqüentemente, a amplitude da dimensão social de sua obra chegue a sobrepor-se ao seu próprio merecimento estético. E é exatamente esse conflito que faz de José de Anchieta um poeta desigual, porque falho de unidade, oscilante entre dois comportamentos. Opondo, por conseguinte, ao mérito estético a importância social ou histórica. E numa obra naturalmente ampla e multiforme.

Compreendendo poesias, peças teatrais, cartas, sermões, estudos lingüísticos e fragmentos históricos, em todos esses domínios sobressaem igualmente a sua força e sua sabedoria. A ponto de confundir os seus críticos sobre o merecimento de cada um deles nas relações entre si. É assim que Sílvio Romero encontrava em suas cartas o que de artisticamente mais válido possui a sua obra. Enquanto outros, quero crer que levados pelo significado evangelizador, têm-se inclinado mais pelas qualidades dos sermões. Estou certo, no entanto, de que o Anchieta documento de nossa história literária não é tanto o das cartas e muito menos o dos sermões, mas precisamente o das poesias. Poesias, convém advertir, não apenas válidas por conferirem ao poeta um papel histórico importante – o de iniciador da nossa poesia – mas também pelas próprias qualidades artísticas que, não raro, elas trazem consigo. E adiante-se que são poesias profundamente marcadas de Brasil. Tanto mais que a própria destinação de sua obra, o fato de ser ela escrita para leitores brasileiros ou já brasileiros, obrigava-o a uma atitude, a uma cosmovisão, a um estilo, que eram antes brasileiros e, de modo algum, portugueses ou castelhanos.

Mas acredito que, em certo sentido, Anchieta deve ser entendido como uma manifestação de cultura medieval no Brasil. E medieval não somente pelo seu comportamento. Ao realizar uma poesia simples, de timbre didático, porém medieval também pela sua forma poética, seus ritmos, sua métrica. A sua própria linguagem apresenta, por vezes, traços nitidamente medievalizantes. E isto talvez se deva ao fato de que, como fenômeno generalizado – sublinho o *generalizado* – foi o Renascimento um fenômeno retardatário na Península. Mesmo considerando que já no século XIII Portugal possuía um humanista da importância de Pedro Hispano (o Papa João XXI) e sabendo também da predominância de livros clássicos nas bibliotecas de portugueses ilustres, não se pode deixar de sentir a ausência de uma grande obra que, escrita na Península, estivesse direta e integralmente comprometida com a linha específica do Renascimento *pleno*. A não ser, é certo, o caso de Garcilaso, que é antes um espanhol-cosmopolita. De Garcilaso e certamente de Boscan. Daí o fato de que, como conseqüência disto, se tenha antecipado, especialmente na Espanha, o aparecimento do Barroco. E o Barroco não deixa de ser, de certo modo, cortes renascentistas exorbitando as suas proporções.

Claro que preferimos considerar à parte o exemplo de Camões, tal a sua complexidade e tais as suas implicações. Sem deixar de reconhecer a precariedade que envolve qualquer juízo que tenha como premissa a idéia de um Renascimento único para todos os países do Ocidente. Tanto na França quanto na Espanha e em Portugal, o Renascimento primitivamente italiano sofreu específicas matizações. A estilização da vivência marítima foi o timbre luso do Renascimento. Camões, com muito de Manuelino em sua configuração estilística – maneirista mais que tudo –, foi a expressão máxima desse movimento na Península.

Por sua vez, a circunstância de haver sido o medievalismo tão acentuadamente forte em Portugal explica, perfeitamente, a lentidão do Renascimento. E foi esse atraso precisamente, que, ajudado pelas descobertas marítimas, provocou a criação do estilo Manuelino – que teve no Plateresco o seu correspondente espanhol – muito mais ligado, é evidente, ao medievalismo que ao "neoclassicismo" italiano. No caso particular de Anchieta, a sua própria condição de jesuíta fazia-o, pelo menos, um homem pouco apegado ao Renascimento *puro*.

Aliás, em oposição à tese da simplicidade na poesia de Anchieta como uma manifestação de seu possível medievalismo, poderíamos explicar essa simplicidade pelo desejo ou empenho único de atender à sua necessidade catequizante. Seria, portanto, uma simplicidade puramente funcional. Entretanto, mesmo considerando essa simplicidade uma simplicidade interessada, apenas motivada pelo empenho da catequese, não está invalidado o nosso critério porque, quando o formulamos, não nos preocupou se o poeta era simples por um rasgo de temperamento, isto é, naturalmente simples, ou simples para atender a uma finalidade, a uma situação final. Como quer que seja, todas as duas hipóteses nos conduzirão a um mesmo juízo: Anchieta é um poeta que fez da simplicidade a sua preocupação primeira. E nenhum exemplo melhor, neste sentido, do que seu conhecido poema "A Santa Inês", tão forte e comovente em seu lirismo:

> Cordeirinha linda,
> como folga o povo
> porque vossa vinda
> lhe dá lume novo!
>
> Cordeirinha santa,
> de Iesu querida,
> vossa santa vinda
> o diabo espanta.
>
> Por isso vos canta,
> com prazer, o povo,
> porque sua vinda
> lhe dá lume novo (...).

A lírica de Anchieta tem ainda uma característica a individualizá-la. É que, ao expressar o seu universo interior, seus sentimentos pessoais e íntimos, ela não se mostra apegada a qualquer forma de individualismo, porque cede aos apelos do que no poema pertence menos ao seu *eu* que às *circunstâncias*. É este, com efeito, o principal elemento identificador da poesia lírica de José de Anchieta. Da lírica e da dramática, uma vez que de *lirismo* e *drama* se compõe o seu universo poético. A épica, tão esquiva ela está na obra de Anchieta que não chega a ter uma existência definida.[1] A lírica, essa é rica e múltipla através de seus diversos sentimentos: de amor, de admiração (para com Deus), de dor (para com o mundo), de denúncia (para com o homem).

O certo, porém, é que a Anchieta melhor se ajusta o título de *homem-ponte* entre o medievalismo e o Renascimento peninsulares (com ostensivos compromissos maneiristas e barrocos). Profundamente vinculado à Idade Média, mas já bastante possuído ou orientado por inquietações renascentistas. Daí que, ao lado do tradicional heptassílabo, do *pie quebrado* espanhol, característicos de sua poesia, começam a informar sua arte algumas composições italianizantes. Não lhe faltando, inclusive, o mais característico neoplatonismo renascentista.

No entanto, Anchieta pode ser considerado ainda um legítimo poeta primitivo: naquele sentido de que, na estética do primitivo, interferem elementos didáticos e religiosos, sob formas artesanais.

É verdade que esta consideração é perfeitamente sucetível de refutação. Tanto mais que podemos admitir que tão logo o escritor se expressa em letra compromete como que inteiramente a autenticidade do seu primitivismo. Neste caso, caberia distinguir ou explicar o primitivo através dos seus dois estágios: um primeiro puramente oral e um segundo que lança mão da expressão. De uma maneira mais geral, primitivo pode ser considerado aquele ou aquilo que é o princípio de alguma coisa. Mais: primitivo pode ser considerado também aquele ou aquilo que ostenta ou se caracteriza por uma relativa rusticidade de fatura. Mas Anchieta deve ser con-

---

1 O "Poema de Mem de Sá" constitui – convém ressaltar – uma das exceções. Mas, escrito em latim, foge inteiramente ao critério que nos orientou na elaboração desta antologia. Ver, neste caso, a nota 1 da página 21.

siderado ainda um primitivo, ou semiprimitivo, em confronto com os seus contemporâneos. Em confronto com a poesia portuguesa dessa época que, com os seus Sá de Miranda, se apresentava freqüentemente comprometida com as formas cultas vindas da Itália. É certo que o próprio Sá de Miranda, ao lado da sua poesia aristocrata, mostrava uma poesia oposta a ela mesma, uma poesia popular, que levou a redondilha a conseqüências surpreendentes. Mesmo assim, o quinhentismo português, em sua poesia mais atual e representativa, foi semi-italianizante, quando não radicalmente italianizante. E ampliando mais o conceito de primitivo, aplicável à poesia de Anchieta, vamos encontrar nele um primitivo no sentido cristão da palavra. Não um primitivo mágico, que seria um modo de ser complexo. Porém um primitivo, como dizia, em certo sentido cristão, de quem aceita a Revelação e vê o mundo com simplicidade. É assim, por exemplo, no poema "Do santíssimo sacramento":

> Ó que pão, ó que comida,
> ó que divino manjar,
> se nos dá no santo altar
>   cada dia!
>
> Filho da Virgem Maria,
> que Deus-Padre cá mandou
> e por nós na cruz passou
>   crua morte,
>
> E para que nos conforte
> se deixou no sacramento
> para dar-nos, com aumento,
>   sua graça, (...).

Talvez pudéssemos estabelecer igualmente uma ligação da poesia de Anchieta com o cancioneiro popular ibérico, tantos devem ter sido os romances por ele escutados na infância ou na adolescência. Este elemento, de aparência tão inconscientemente biográfica, se reveste da sua complexa importância quando sabemos que quase adolescente ainda chegou ao Brasil o padre José de Anchieta. Quanto a essa possível aproximação, entretanto, já se pronunciou, de certa maneira em sentido contrário, Armando de Carvalho, ao afirmar das suas trovas para Santa Inês: "Na mesma poesia foram, é certo, utilizadas figuras que podem parecer prosaicas ou por demais diretas. Elas estavam, todavia, de acordo com as tendências e os modelos de Gil Vicente, luzeiro que guiava inquestionavelmente o poeta da praia de Iperoig, salvo, está visto, no que se refere às liberdades de linguagem. A poesia de Anchieta ressente-se fundamente, aliás, da ausência de duas vigas mestras dos poetas do Cancioneiro Geral: a sátira e os artifícios da galantaria".[2] No entanto, mesmo diante dessas conclusões, a verdade é que persistem elementos tão ostensivamente comprometedores, que vêm salientar a necessidade de um estudo dessa possível dívida ou ligação. Já que nesse poeta não falta inclusive alguma coisa do melhor cavalheiresco ibérico:

> Temos embargos donzela,
> a serdes deste lugar.
> Não me queiras agravar,
> que, com espada e rodela,
> vos hei de fazer voltar.
>
> Se lá na batalha do mar
> me pisastes,
> quando as onze mil juntastes,
> que fizestes em Deus crer,
> não há agora assim de ser.
> Se, então, de mim triunfastes,
> hoje vos hei de vencer.

---

[2] Armando de Carvalho. In: COUTINHO, Afrânio. *A literatura no Brasil*. Rio de Janeiro: Editorial Sul-Americana, 1955, v. I, t. 1, p. 268.

Convém lembrar ainda que, em certos momentos, a poesia do padre Anchieta denuncia a presença de um humanista. Um humanista, é verdade, inteiramente absorvido, e até prejudicado intelectualmente pela catequese. E esse mesmo e permanente empenho de catequese lhe vai valer o título, que lhe conferiu Cassiano Ricardo, de o nosso primeiro escritor indianista. Aliás, nesse seu interesse e nessa sua admiração para com o poeta jesuíta, Cassiano Ricardo confirmava a admiração e o interesse que tem sido também o de escritores da altura de um Fagundes Varela, um Euclides da Cunha, ou, mais modernamente, um Antônio de Alcântara Machado ou um Jorge de Lima.

Esse humanista de que falávamos se afirma também na utilização de formas tipicamente latinas. Não que o seu latim fosse predominantemente um latim antigo ou medieval, recebido através da Roma renascentista ou da Universidade medieval. O seu latim, como é no caso específico do "Poema da Virgem", é antes o baixo-latim, uma tentativa de latim literário, que, no século XV, já não tinha nenhum apoio na língua falada. Foi, por exemplo, o latim utilizado por Petrarca, por Erasmo: uma imitação do latim de Roma; o latim da Igreja.

E são exatamente esses problemas que fazem do padre Anchieta, do poeta José de Anchieta, não somente um poeta complexo, mas também um problema literário delicado. De todas as maneiras, deixando perfeitamente claro o seu admirável papel histórico. E mais: o seu incontestável mérito de poeta. De poeta iniciador da nossa poesia.

O AUTOR E SEU TEMPO

1534   7 de abril: nasce em La Laguna de Tenerife, Ilhas Canárias, Espanha, José de Anchieta. Filho de Juan de Anchieta, biscainho, de Urrestilla, Guipúzcoa, e de D. Mência Dias de Clavicko de Llorena, natural das Canárias. Seu avô, que também se chamava Juan, era primo-irmão de d. Beltrán de Oñas y Loyola, pai, por sua vez, de Santo Inácio de Loyola. Neste mesmo ano foi Anchieta batizado na paróquia de Nossa Senhora dos Remédios, em La Laguna de Tenerife. Sua partida de batismo se conserva, nessa cidade, na paróquia de Santo Domingo.

1551   Coimbra: ingressou na Companhia de Jesus.

1553   Veio para o Brasil, na comitiva de d. Duarte da Costa, segundo governador-geral.

1554   25 de janeiro: tomou parte atuante na fundação de São Paulo. A ponto de se reivindicar para ele – com justos fundamentos, aliás – o título de "Fundador de São Paulo".

1556   Foi nomeado reitor do Colégio de São Vicente.

1563   Conseguiu, através do armistício de Iperoig, estabelecer um compromisso de paz entre os tamoios e os portugueses.

1567   Teve importante desempenho na expulsão dos franceses do Rio de Janeiro.

1578   Bahia: foi nomeado Provincial.

1585   Bahia: depôs, por motivo de doença, o cargo de Provincial.

1595   Publicada, em Coimbra, a sua *Arte de gramática da língua mais usada na costa do Brasil.*

1597   9 de junho: faleceu em Reritiba (hoje Anchieta), no Espírito Santo, o Venerável padre José de Anchieta. Dos seus 64 anos de existência, 47 foram vividos na Companhia: três em Portugal e 44 no Brasil.

ANTOLOGIA

Do santíssimo sacramento[1]

Ó que pão, ó que comida,
ó que divino manjar,
se nos dá no santo altar
    cada dia!

Filho da Virgem Maria,
que Deus-Padre cá mandou
e por nós na cruz passou
    crua morte,

---

[1] A presente antologia de José de Anchieta serviu-se do texto preparado pela professora M. de L. de Paula Martins na sua edição das *Poesias*, comemorativa do IV Centenário de São Paulo. Aliás, creio que somente depois dessa excelente edição, completa e também rigorosa na sua fidelidade ao texto primitivo, tornou-se possível formular, sobre a lírica achietana, um juízo exato, e não apenas sentimental, retificador, e de modo algum confirmador de equívocos.

    Quando localizei a minha atenção unicamente no texto português da poesia polilíngüe de Anchieta, não é que me passasse despercebida a importância da sua poesia escrita em castelhano, latim e tupi. Importância fundamental para a compreensão total da sua obra de poeta. Apenas, ao organizar uma antologia de Anchieta como escritor brasileiro, como "nosso clássico", preocupou-me mostrá-lo no exercício do instrumento lingüístico culto que lhe fornecia o Brasil. E tanto mais que as suas poesias, escritas em outras línguas, estavam naturalmente subordinadas a problema complexo, que tem sido o tormento dos filósofos da linguagem: o problema da tradução. Problema tanto mais complexo quando se sabe que não raros são os que, como Croce, estão certos da impossibilidade da tradução.

e para que nos conforte
se deixou no sacramento
para dar-nos, com aumento,
    sua graça,

esta divina fogaça
é manjar de lutadores,
galardão de vencedores
    esforçados,

deleite de namorados,
que, co'o gosto deste pão,
deixam a deleitação
    transitória.

Quem quiser haver vitória
do falso contentamento,
goste deste sacramento
    divinal.

Este dá vida imortal,
este mata toda fome,
porque nele Deus e homem
    se contêm.

É fonte de todo bem,
da qual quem bem se embebeda
não tenha medo da queda
    do pecado.

Ó que divino bocado,
que tem todos os sabores!
Vinde, pobres pecadores,
    a comer!

Não tendes de que temer,
senão de vossos pecados.
Se forem bem confessados,
    isto basta,

qu'este manjar tudo gasta,
porque é fogo gastador,
que com seu divino ardor
    tudo abrasa.

É pão dos filhos de casa,
com que sempre se sustentam
e virtudes acrescentam
    de contino.

Todo al é desatino,
se não comer tal vianda
com que a alma sempre anda
    satisfeita.

Este manjar aproveita
para vícios arrancar
e virtudes arraigar
    nas entranhas.

Suas graças são tamanhas
que não se podem contar,
mas bem se podem gostar
    de quem ama.[2]

---

2   Entenda-se: bem podem ser apreciadas por aquele que ama.

Sua graça se derrama
nos devotos corações
e os enche de bênçãos
    copiosas.

Ó entranhas piedosas
de vosso divino amor!
Ó meu Deus e meu Senhor
    humanado!

Quem vos fez tão namorado
de quem tanto vos ofende?
Quem vos ata? Que vos prende
    com tais nós?

Por caber dentro de nós
vos fazeis tão pequenino,
sem o vosso ser divino
    se mudar!

Para vosso amor plantar
dentro em nosso coração,
achastes tal invenção
    de manjar,

em o qual nosso padar[3]
acha gostos diferentes,
debaixo dos acidentes
    escondidos.

---

3   "Padar": paadar, apóc. (= paladar).

Uns são todos incendidos
do fogo do vosso amor;
outros, cheios de temor
    filial;

outros, co'o celestial
lume deste sacramento,
alcançam conhecimento
    de quem são;

outros sentem compaixão
de seu Deus, que tantas dores,
por nos dar estes sabores,
    quis sofrer,

e desejam de morrer
por amor de seu amado,
vivendo sem ter cuidado
    desta vida.

Quem viu nunca tal comida,
que é sumo e todo bem?
Ai de nós! Que nos detém?
    Que buscamos?

Como não nos enfrascamos
nos deleites deste pão,
com que nosso coração
    tem fartura?

Se buscamos formosura,
nele está toda metida;
se queremos achar vida,
    esta é.

Aqui se refina a fé,
pois debaixo do que vemos,
estar Deus e homem cremos,
    sem mudança.

Acrescenta-se a esperança,
pois na terra nos é dado
quanto nos céus guardado
    nos está.

A caridade, que lá
há de ser perfeiçoada,
deste pão é confirmada
    em pureza.

Dele nasce a fortaleza,
ele dá perseverança,
pão de bem-aventurança,
    pão de glória,

deixado para memória
da morte do Redentor,
testemunho de seu amor
    verdadeiro.

Ó mansíssimo cordeiro,
ó menino de Belém,
ó Iesu, todo meu bem,
    meu amor,

meu esposo, meu senhor,
meu amigo, meu irmão,
centro de meu coração,
    Deus e pai!

Pois com entranhas de mãe
quereis de mim ser comido,
roubai todo meu sentido
    para vós!

Prendei-me com fortes nós,
Iesu, filho de Deus vivo,
pois que sou vosso cativo,
    que comprastes

co'o sangue, que derramastes,
com a vida, que perdestes,
com a morte, que quisestes
    padecer!

Morra eu, por que viver
vós possais dentro de mi.
Ganhai-me, pois me perdi
    em amar-me.

Pois que para incorporar-me
e mudar-me em vós de todo,
com um tão divino modo
    me mudais,

quando na minh'alma entrais
e dela fazeis sacrário
de vós mesmo, e relicário
    que vos guarda,

enquanto a presença tarda
do vosso divino rosto,
o sab'roso e doce gosto
    deste pão

seja minha refeição
e todo meu apetite,
seja gracioso convite
	de minha alma,

ar fresco de minha calma,
fogo de minha frieza,
fonte viva de limpeza,
	doce beijo

mitigador do desejo
com que a vós suspiro e gemo,
esperança do que temo
	de perder.

Pois não vivo sem comer,
coma-vos, em vós vivendo,
viva a vós, a vós comendo,
	doce amor!

Comendo de tal penhor,
nele tenha minha parte
e depois, de vós me farte
	com vos ver!

Amém.[4]

---

4 Aliás, a propósito deste poema "Do santíssimo sacramento", o próprio Ronald de Carvalho, sem, contudo, haver sido dos mais compreensivos para com a obra literária de Anchieta, não vacilou em afirmar que "a poesia religiosa tem nestes versos um dos seus mais belos espécimes do gênero". Acrescentando ainda: "Serão rudes, porventura, mas quanto fervor, quanta deliciosa imagem nos oferecem". E também para Sérgio Buarque de Holanda este poema é "sem dúvida dos mais belos de Anchieta".

De São Maurício[5]

1º — Ó Maurício Capitão,
cuja gloriosa fama
resplandece como flama
que lume, sem dilação,
por todas partes derrama,
nossa vida e morte clama,
nossas almas despertando,
para que vivam honrando
a Deus, que tanto nos ama,
sua santa lei guardando.

---

5   Compõe-se de dez subdivisões de duas estrofes, indicadas por numeração original, de 1 a 10, sugerindo, como sucede nas danças que encerram algumas peças, dez pessoas que declamem. Deve ter sido apresentada em Vitória, por ocasião de alguma entrada posterior a incursões protestantes.
    São Maurício capitaneava uma legião de combatentes conhecida por "Legião Tebana". Chamada para reforçar o exército de Maximiano, na perseguição aos cristãos, seus soldados se recusaram a obedecer às ordens do imperador. Foram dizimados. Continuando a recusa, a dízima recomeçou. Os soldados enviaram uma carta ao imperador, protestando a sua fé cristã. Maximiano condenou toda a legião. O massacre se verificou no campo de Aguane, a 14 milhas do Lago Lemano, em 286. São Maurício foi padroeiro da Vila da Vitória, no Espírito Santo, onde se veneravam relíquias suas. Consideravam-no protetor contra a seca.

2º — Quando imperador da terra
a seus deuses quis honrar,
obrigou a sacrificar
os soldados que, na guerra,
com ele haviam d'entrar.

Mas vós, para glória dar
a Deus todo-poderoso,
vosso esquadrão animoso
fizestes logo apartar
de trato tão pernicioso.

3º — Se quiséreis honra ter,
muita o mundo prometia,
mas a vossa fidalguia
só daquele eterno ser
– do sumo Deus – dependia.

Por isso, com alegria,
o vão mundo desprezastes,
com o qual nos ensinastes
fazer dele zombaria,
como vós dele zombastes.

4º — Vossos seis mil e seiscentos
e sessenta e seis soldados[6]
por vós foram animados
para serem, com tormentos
e com morte, coroados.

---

6   A legião romana compunha-se de 6 mil soldados. Várias vezes mencionado nas poesias de Anchieta, o esquadrão de São Maurício figura, entretanto, com 6.666 e 6.600 soldados.

Para serem degolados,
cada um queria ser
o primeiro, sem temer
os cutelos aguçados
com fúria, de Lucifer.

5º — Ó valoroso esquadrão!
Ó gente vitoriosa!
Ó vitória gloriosa!
Ó fortíssima legião!
Ó campanha generosa!

Vossa morte preciosa
é honra do grão Iesu,
e d'aquesta vila vossa[7]
defensão mui poderosa,
espanto de Belzebu.

6º — Vossa vida, São Maurício,
e dos vossos, que perdestes,
quando pela fé morrestes,
foi um vivo sacrifício
com que a Deus engrandecestes.

Com tais mortes, merecestes
triunfos mui gloriosos,
e que vossos fortes ossos,
que defender não quisestes,
sejam defensores nossos.

---

7   A vila de Vitória.

7º — Ó divinos baluartes,
que nunca fostes rendidos,
posto que mui combatidos
— com muitas forças e artes
mortos, mas nunca vencidos, —

pedimos ser recebidos
com amor dentro de vós,
porque o imigo feroz,
de quem somos perseguidos,
seja vencido de nós.

8º — O pecado nos dá guerra
em todo tempo e lugar.
E, pois quisestes morar
nesta nossa pobre terra,
ajudai-a sem cessar,

porque cessando o pecar,
cessarão muitos reveses
com que os hereges franceses
nos poderão apertar
e luteranos ingleses.[8]

9º — Mártires mui esforçados,
pois sois nossa defensão,
defendei, com vossa mão,
vossos filhos e soldados,
que são idos ao sertão,

---

8 Corsários ingleses e franceses atacaram o Espírito Santo, notadamente nos anos de 1581 e 1582. As razões do ataque, sempre comerciais, eram mascaradas, geralmente, com intenções religiosas.

pois vão, com boa intenção,
a buscar gente perdida
que possa ser convertida
a Iesu, de coração,
e ganhar a eterna vida.[9]

 10º — Procurai-nos a saúde
com que a Deus servir possamos,
e no coração tenhamos
o puro amor da virtude,
e sem pecado vivamos.

Das novidades sejamos
providos sem carestia,
e vossa capitania,[10]
livre do que arreceamos,
vos honre com alegria.

---

9 Os jesuítas tomavam parte nas entradas, onde podiam oferecer aos brancos assistência espiritual e oficial e prestígio junto aos índios. Organizaram algumas, solicitados, às vezes, pelos poderes públicos, a fim de apaziguar hordas revoltadas, por sua livre iniciativa, de outras vezes. Em 1576 um padre desceu mil índios do sertão. Em 1583 houve uma dessas entradas aos aimorés. Em 1584 chegou ao Espírito Santo uma leva de índios e foram enviados dois padres a atrair os restantes.
10 A capitania do Espírito Santo.

Em Deus, meu criador[11]

Não há cousa segura.
Tudo quanto se vê
se vai passando.
A vida não tem dura.
O bem se vai gastando.
Toda criatura
passa voando.

Em Deus, meu criador,
está todo meu bem
e esperança,
meu gosto e meu amor
e bem-aventurança.
Quem serve a tal Senhor
não faz mudança.

---

11 Numa cópia existente no Instituto Histórico e Geográfico Brasileiro (IHGB), esta poesia tem o título "Da vaidade das cousas do mundo".

Contente assim, minha alma,
do doce amor de Deus
toda ferida,
o mundo deixa em calma,
buscando a outra vida,
na qual deseja ser
toda absorvida.

Do pé do sacro monte
meus olhos levantando
ao alto cume,
vi estar aberta a fonte
do verdadeiro lume,
que as trevas do meu peito
todas consume.

Correm doces licores
das grandes aberturas
do penedo.
Levantam-se os errores,
levanta-se o degredo
e tira-se a amargura
do fruto azedo!

Como vem guerreira!

Como vem guerreira
a morte espantosa!
Como vem guerreira
e temerosa!

Suas armas são doença,
com que a todos acomete.
Por qualquer lugar se mete,
sem nunca pedir licença.
    Tanto que se dá sentença
    da morte espantosa,
    como vem guerreira
    e temerosa!

Por muito poder que tenha,
ninguém pode resistir.
Dá mil voltas, sem sentir,
mais ligeira que uma azenha.
    Quando manda Deus que venha
    a morte espantosa,
    como vem guerreira
    e temerosa!

A uns caça quando comem,
sem que engulam o bocado.
Outros mata no pecado,
sem que gosto nele tomem.
  Quando menos teme homem
  a morte espantosa,
  como vem guerreira
  e temerosa!

A ninguém quer dar aviso,
porque vem como ladrão.
Se não acha contrição,
então mata mais de liso.
  Quando toma de improviso,
  a morte espantosa,
  como vem guerreira
  e temerosa!

Quando esperas de viver
longa vida, mui contente,
ela entra, de repente,
sem deixar-te a perceber.
  Quando mostra seu poder,
  a morte espantosa,
  como vem guerreira
  e temerosa!

Tudo lhe serve de espada,
com tudo pode matar;
em todos acha lugar
para dar sua estocada.
  A terrível bombardada
  da morte espantosa,
  como vem guerreira
  e temerosa!

A primeira morte mata
o corpo, com quanto tem.
A segunda, quando vem,
a alma e o corpo rapa.
    Co'o inferno se contrata
    a morte espantosa.
    Como vem guerreira
    e temerosa!

A Santa Inês

Cordeirinha linda,
como folga o povo
porque vossa vinda
lhe dá lume novo!

Cordeirinha santa,
de Iesu querida,
vossa santa vinda
o diabo espanta.

Por isso vos canta,
com prazer, o povo,
porque vossa vinda
lhe dá lume novo.

Nossa culpa escura
fugirá depressa,
pois vossa cabeça
vem com luz tão pura.

Vossa formosura
honra é do povo,
porque vossa vinda
lhe dá lume novo.

Virginal cabeça
pola fé cortada,
com vossa chegada,
já ninguém pereça.

Vinde mui depressa
ajudar o povo,
pois, com vossa vinda,
lhe dais lume novo.

      Vós sois, cordeirinha,
      de Iesu formoso,
      mas o vosso esposo
      já vos fez rainha.

      Também padeirinha
      sois de nosso povo,
      pois, com vossa vinda,
      lhe dais lume novo.

II

Não é d'Alentejo
este vosso trigo,
mas Jesus amigo
é vosso desejo.

Morro porque vejo
que este nosso povo
não anda faminto
deste trigo novo.

           Santa padeirinha,
           morta com cutelo,
           sem nenhum farelo
           é vossa farinha.

           Ela é mezinha
           com que sara o povo,
           que, com vossa vinda,
           terá trigo novo.

O pão que amassastes
dentro em vosso peito,
é o amor perfeito
com que a Deus amastes.

Deste vos fartastes,
deste dais ao povo,
porque deixe o velho
polo trigo novo.

           Não se vende em praça
           este pão de vida,
           porque é comida
           que se dá de graça.

           Ó preciosa massa!
           Ó que pão tão novo
           que, com vossa vinda,
           quer Deus dar ao povo!

Ó que doce bolo,
que se chama graça!
Quem sem ele passa
é mui grande tolo.

Homem sem miolo,
qualquer deste povo,
que não é faminto
deste pão tão novo!

III

CANTAM: *Entrai ad altare Dei,*
virgem mártir mui formosa,
pois que sois tão digna esposa
de Iesu, que é sumo rei.

Debaixo do sacramento,
em forma de pão de trigo,
vos espera, como amigo,
com grande contentamento.
Ali tendes vosso assento.

Entrai ad altare Dei,
virgem mártir mui formosa,
pois que sois tão digna esposa
de Iesu, que é sumo rei.

Naquele lugar estreito
cabereis bem com Jesus,
pois ele, com sua cruz,
vos coube dentro no peito,
ó virgem de grão respeito.

Entrai ad altare Dei,
virgem mártir mui formosa,
pois que sois tão digna esposa
de Iesu, que é sumo rei.

Quando, no Espírito Santo, se recebeu uma relíquia das onze mil virgens

DIABO: Temos embargos, donzela,
a serdes deste lugar.
Não me queirais agravar,
que, com espada e rodela,
vos hei de fazer voltar.

> Se lá na batalha do mar
> me pisastes,
> quando as onze mil juntastes,
> que fizestes em Deus crer,
> não há agora assim de ser.
> Se, então, de mim triunfastes,
> hoje vos hei de vencer.

Não tenho contradição
em toda a Capitania.
Antes, ela, sem porfia,
debaixo de minha mão
se rendeu com alegria.

> Cuido que errastes a via
> e o sol tomastes mal.
> Tornai-vos a Portugal,

que não tendes sol nem dia,
senão a noite infernal
de pecados,
em que os homens, ensopados,
aborrecem sempre a luz.
Se lhes falardes na Cruz,
dar-vos-ão, mui agastados,
no peito, c'um arcabuz.

Aqui dispara um arcabuz.

ANJO: Ó peçonhento dragão
e pai de toda a mentira,
que procuras perdição,
com mui furiosa ira,
contra a humana geração!

Tu, nesta povoação,
não tens mando nem poder,
pois todos pretendem ser,
de todo seu coração,
imigos[12] de Lucifer.

DIABO: Ó que valentes soldados!
Agora me quero rir!...
Mal me podem resistir
os que fracos, com pecados,
não fazem senão cair!

---

12 "Imigos": apóc. (= inimigos).

ANJO: Se caem, logo se levantam,
e outros ficam em pé.
Os quais, com armas da fé,
te resistem e te espantam,
porque Deus com eles é.

    Que com excessivo amor
    lhes manda suas esposas,
    — onze mil virgens formosas —
    cujo contínuo favor
    dará palmas gloriosas.

E para te dar maior pena,
a tua soberba inchada
quer que seja derribada
por u'a mulher pequena.

DIABO: Ó que cruel estocada
m'atiraste
quando a mulher nomeaste!
Porque mulher me matou,
mulher meu poder tirou,
e, dando comigo ao traste,
a cabeça me quebrou.

ANJO: Pois agora essa mulher
traz consigo estas mulheres,
que nesta terra hão de ser
as que lhe alcançam poder
para vencer teus poderes.

DIABO: Ai de mim, desventurado!
    Acolhe-se Satanás.

ANJO: Ó traidor, aqui jarás[13]
de pés e mãos amarrado,
pois que perturbas a paz
deste pueblo sossegado!

DIABO: Ó anjo, deixa-me já,
que tremo desta senhora!

ANJO: Contanto que te vás fora
e nunca mais tornes cá.

DIABO: Ora seja na má hora!

Indo-se, diz ao povo:

Ó, deixai-vos descansar
sobre esta minha promessa:
eu darei volta, depressa
a vossas casas cercar
e quebrar-vos a cabeça!

II

VILA: *Mais rica me vejo agora*
que nunca dantes me vi,
pois que ter-vos mereci,
virgem mártir, por senhora.

O Senhor onipotente
me fez grande benefício,
dando-me aquela excelente
legião da esforçada gente
do grande mártir Maurício.

---

13 "Jarás": arc. (=jazerás).

Neste dia
se dobra minha alegria
com vossa vinda, Senhora.
E, pois a Capitania
hoje tem maior valia,
mais rica me vejo agora.

      Com a perpétua memória
      de vossa mui santa vida
      e da morte esclarecida,
      com que alcançastes vitória,
      morrendo sem ser vencida,

      serei mais favorecida,
      pois vindes morar em mi,
      porque, tendo-vos aqui,
      fico mais enriquecida
      que nunca dantes me ví.

Da Senhora da Vitória,
"Vitória" sou nomeada.
E, pois sou de vós amada,
d'onze mil virgens na glória
espero ser coroada.

Por vós sou alevantada
mais do que nunca subi,
para que, subindo assi,
não seja mais derrubada,
pois que ter-vos mereci.

Meus filhos ficam honrados
em vos terem por princesa,
porque, de sua baixeza,

por vós serão levantados
a ver a divina alteza.

> Tudo temos
> pois que tendo a vós, teremos
> a Deus, que convosco mora,
> e logo, des desta hora,
> todos vos reconhecemos,
> *virgem mártir, por Senhora.*

> *Um companheiro de São Maurício*
> *vem ao caminho à virgem, e diz:*

Toda esta Capitania,
virgem mártir gloriosa,
está cheia d'alegria,
pois recebe, neste dia,
u'a mãe tão piedosa.

Nós somos seus padroeiros,
com toda nossa legião
dos tebanos cavaleiros,
soldados e companheiros
de Maurício Capitão.

Ele espera já por vós
e tem prestes a pousada
para, com vossa manada,
serdes, como somos nós,
deste lugar advogada.

ÚRSULA: Para isso sou mandada.
E com vossa companhia,
faremos mui grossa armada,

com que seja bem guardada,
a nossa capitania.

III

*Ao entrar na Igreja, fala São Maurício
com São Vital, e diz:*

MAURÍCIO: Não bastam forças humanas,
não digo para louvar,
mas nem para bem cuidar
as mercês tão soberanas
que, com amor singular,

> Deus eterno,
> abrindo o peito paterno,
> faz a todo este lugar,
> para que possa escapar
> do bravo fogo do inferno,
> e salvação alcançar.

> Ditosa capitania,
> que o sumo Pai e Senhor
> abraça com tanto amor,
> aumentando cada dia
> suas graças e favor!

VITAL: Ditosa, por certo, é,
se não for desconhecida,[14]
ordenando sua vida
de modo que junte a fé
com caridade incendida.

---

14 "Desconhecida": ingrata.

Porque as mercês divinais
então são agradecidas
quando os corações leais
ordenam bem suas vidas
conforme as leis celestiais.

MAURÍCIO: Bem dizeis, irmão Vital,
e, por isso, os sabedores
dizem que obras são amores,
com que seu peito leal
mostram os bons amadores.

VITAL: E destes, quantos cuidais
que se acham nesta terra?

MAURÍCIO: Muitos há, se bem olhais,
que contra os vícios mortais
andam em perpétua guerra,

e guardando, com cuidado,
a lei de seu Criador,
mostram bem o fino amor
que tem, no peito encerrado,
de Iesu, seu Salvador.

VITAL: Estes tais sempre terão
lembrança do benefício
de terem por seu patrão,
com toda nossa legião,
a vós, capitão Maurício.

MAURÍCIO: Assim têm.
E, por isso, o sumo bem
lhes manda aquelas senhoras
onze mil virgens, que vêm
para conosco, também,
serem suas guardadoras.

VITAL: Tão gloriosas donzelas
merecem ser mui honradas.

MAURÍCIO: E conosco agasalhadas,
pois que são virgens tão belas,
de martírio coroadas!

Recebendo a virgem, diz:

Úrsula, grande princesa,
do sumo Deus mui amada,
boa seja a vossa entrada,
grande pastora e cabeça
de tão formosa manada!

ÚRSULA: Salve, grande capitão
Maurício, de Deus querido!
Este povo é defendido
por vós e vossa legião
e nosso Deus mui servido.

Sou dele agora mandada
a ser vossa companheira.

MAURÍCIO: Defensora e padroeira
desta gente tão honrada,
que segue nossa bandeira.

Nós deles somos honrados,
eles guardados de nós.
Por que não sejam sós,
serão agora ajudados
conosco também, de vós.

ÚRSULA: Se os nossos portugueses
nos quiserem sempre honrar,
sentirão poucos reveses.
De ingleses e franceses
seguros podem estar.

VITAL: Quem levantará pendão
contra seis mil cavaleiros
de nossa forte legião,
e contra o grande esquadrão
de vossos onze milheiros?

ÚRSULA: Os três inimigos d'alma
começam a desmaiar.
E, pois tem este lugar
nome de Vitória, e palma,
sempre deve triunfar.

VITÓRIA: Isso é o que Deus quer.
Guardem eles seu mandado,
que nós teremos cuidado
de guardar e engrandecer
este nosso povo amado.

Se quereis
aqui ficar, podereis.
Nem tendes melhor lugar
que aquele santo altar

no qual, conosco, sereis
venerada sem cessar.

ÚRSULA: Seja assi!
Recolhamo-nos aí,
com nosso senhor Jesus,
por cujo amor padeci,
abraçada com a cruz
em que ele morreu por mi.

Levando-a ao altar, lhe cantam:

Entraí ad altare Deí,
virgem mártir mui formosa,
pois que sois tão digna esposa
de Jesus, que é sumo rei.

Naquele lugar estreito
cabereis bem com Jesus,
pois ele, com sua cruz,
vos coube dentro no peito.

Ó virgem de grão respeito,
entraí ad altare Deí,
pois que sois tão digna esposa
de Jesus, que é sumo rei.

Da ressurreição

Ó mãe sempre virgem, ó virgem fecunda,
com novos prazeres cantamos o "Ave!"
com que quis fechar-se, no vosso conclave,
o Verbo do Padre, pessoa segunda.

> De novo, Senhora, receba vossa alma
> o "Ave!" segundo, com nova alegria,
> pois o que foi morto, com grand'alegria,
> a morte vencida, ressurge com palma.

As chagas cruentas das mãos delicadas
vêm mais rubicundas que todas as rosas,
para que por elas tornem formosas
as almas que foram da culpa afeadas.

> O peito sagrado, com lança rompido,
> que para vossa alma foi bravo cutelo,
> com raios de glória ressurge tão belo
> que tem vossas dores de todo vencido.

Ó madre de vida, pois tendes tal dia,
fazei-nos dar vida, que mortos jazemos,
e livres da morte, com Iesu tornemos
em vida de graça, com toda alegria.

O PELOTE DOMINGUEIRO

Já furtaram ao moleiro
o pelote[15] *domingueiro.*

Se lho furtaram ou não,
bem nos pesa a nós com isso!
Perdeu-se, com muito viço,
o pobre moleiro Adão.
       Lucifer, um mau ladrão,
       lhe roubou todo o dinheiro,
       c'o pelote domingueiro!

Sem ter dele compaixão,
lhe furtaram o pelote.
Des que o viram sem capote,
não curaram dele, não.
       Chora agora, com razão,
       o coitado do moleiro,
       sem pelote domingueiro!

---

15 "Pelote": traje antigo, espécie de casaca.

Ele, deram-lho de graça,
porque "Graça" se chamava
e com ele passeava,
mui galante, pela praça.
        Mas furtaram-lhe, à ramaça,
        ao pobre do moleiro,
        o pelote domingueiro.

Era homem muito honrado,
quando logo lho vestiram.
Mas depois que lho despiram,
ficou vil e desprezado.
        Ó que seda! E que brocado
        perdeste, pobre moleiro,
        em perder teu domingueiro!

Se quiseras moer trigo
do divino mandamento,
dentro ao teu entendimento
não passaras tal perigo.
        Pois quisestes ser amigo
        de ladrão tão sorrateiro,
        andarás sem domingueiro.

Mui formoso trigo tinha,
que era a humana natureza,
mas moeu-o tão depressa,
que fez muito má farinha.
        E por isso, tão azinha
        apanharam ao moleiro
        seu pelote domingueiro.

E u'a peça, a mais fina
de todas quantas tivera.
S'ele bem o defendera,
não jogaram de rapina.
   A cobra ladra e malina,
   com inveja do moleiro,
   apanhou-lhe o domingueiro.

Tinha um monte de botões
em o quarto dianteiro,
que lhe deram sem dinheiro,
que são os divinos dões.
   Por menos de dois tostões,
   foi o parvo do moleiro
   a vender tal domingueiro!

Era feito de tal sorte
que toda a casa vestia.
Em nenhum modo podia
furtar-se, senão por morte.
   Foi morrer, embora forte,
   pecando, o pobre moleiro,
   e ficou sem domingueiro.

Os pobretes cachopinhos
ficaram mortos de frio,
quando o pai, com desvario,
deu na lama de focinhos.
   Cercou todos os caminhos
   o ladrão, com seu bicheiro,
   e rapou-lhe o domingueiro.

A mulher que lhe foi dada,
cuidando furtar maquias,[16]
com debates e porfias
foi da graça maquiada.
       Ela nua e esbulhada,
       fez furtar ao moleiro
       o seu rico domingueiro.

Toda bêbada do vinho
da soberba, que tomou,
o moleiro derrubou
no limiar do moinho.
       Acudiu o seu vizinho
       Satanás, muito matreiro,
       e rapou-lhe o domingueiro.

Ele muito namorado
da soberba e inchação,
cuidou ter melhor gabão
e ser tido por letrado.
       Mas achou-se salteado
       o mofino do moleiro,
       sem pelote domingueiro.

Pareceu-lhe mui galante
a cachopa embonecada
e que em ser sua namorada,
seria a Deus semelhante.
       Seu pai se lhe pôs diante
       e, sem dote e sem dinheiro,
       lhe rapou seu domingueiro.

---

16 "Maquias": porção do produto retirado pelos moleiros em pagamento de mão-de-obra.

Parvo, por que te perdias
por tão feia regateira?
Cuidavas que era moleira,
que furtava bem maquias?
          Não houveste o que querias,
          com ficar, por derradeiro,
          sem teu rico domingueiro.

Sua falsa gentileza
convidava-te a subir.
Tu quiseste consentir
a trepar muito depressa.
          Deram-te pela cabeça
          com um trocho de salgueiro...
          E perdeste o domingueiro.

Quanto mais para ela olhavas,
parecia-te melhor,
e perdido por seu amor,
de ninguém te precatavas.
          À porta, por onde entravas,
          te esperou seu companheiro,
          que rapou teu domingueiro.

Ele soube-se ajudar
da mulher, tua parceira,
e fez dela alcoviteira,
para em breve te enganar.
          Tu, sem mais considerar,
          lhe creste, parvo moleiro,
          e perdeste o domingueiro.

Negros foram teus amores
— pois tão negro te deixaram
e o pelote te levaram,
sem te dar nenhuns penhores
   senão fadigas e dores,
   que terás, triste moleiro,
   pois perdeste o domingueiro.

Maochas[17] qual ficaria
o moleiro desastrado,
sem pelote tão honrado,
que tanto preço valia,
   como é certo que diria:
   "Que farás, ora, moleiro,
   sem pelote domingueiro?"

O pelote foi-lhe dado
para o domingo somente
com que vivesse contente,
sem fadiga e sem cuidado.
   Agora, mui trabalhado,
   geme o triste do moleiro
   sem pelote domingueiro.

Com o pelote faltar,
cessarão todas as festas.
Foi contado com as bestas,
para sempre trabalhar.
   S'isto bem quisera olhar,
   o coitado do moleiro
   não perdera o domingueiro.

---

17 "Maochas": em má hora (arc.).

Ele como se viu tal,
escondeu-se de seu amo,
encobrindo-se c'um ramo
debaixo d'um figueiral,
   porque o ladrão infernal,
   nos ramos d'um macieiro
   lhe rapou seu domingueiro.

Seu amo foi espancá-lo
com a raiva que houve dele,
e coberto com u'a pele,
fora de casa lançá-lo.
   Não quis de todo matá-lo,
   esperando que o moleiro
   cobraria o domingueiro.

Já tornaram ao moleiro
o pelote domingueiro.

O diabo lhe furtou
o pelote por enganos.
Mas, depois de muitos anos,
um seu neto lho tornou.
   Por isso, carne tomou
   de uma filha do moleiro,
   por pelote domingueiro.

Por querer ser mais subido,
não fez conta do pelote.
O seu neto, sem capote,
jaz nas palhas, encolhido,
   para ser restituído
   ao pobre do moleiro
   seu pelote domingueiro.

Quis vestido aparecer
em pelote de somana,
porque vem, com carne humana,
a trabalhos padecer
   e no feno se envolver,
   para tornar ao moleiro
   seu pelote domingueiro.

Ele, por se desmandar,
do pelote foi roubado.
O neto, d'além mandado,
vem o furto restaurar.
   Há-se de circuncidar
   porque é neto do moleiro,
   por tornar-lhe o domingueiro.

Ditoso foste em achar,
pobre moleiro, tal filha,
que com nova maravilha
tal neto te foi gerar,
   que do pano do tear
   de tua filha, moleiro,
   te tornou teu domingueiro.

Ó que boa tecedeira,
que tão fino pano urdiu,
com que a culpa se cobriu
do moleiro e da moleira!
   Com ficar a tela inteira,
   fez que ao pobre do moleiro
   se tornasse o domingueiro.

Esta soube bem moer
o trigo celestial,
em seu peito virginal,
ao tempo do conceber,
      escolhendo escrava ser,
      por que ao soberbo moleiro
      se tornasse o domingueiro.

Para o saio ser perdido,
a mulher foi medianeira.
Mulher foi também terceira,
para ser restituído.
      Fica agora enobrecido
      o ditoso do moleiro
      com tão rico domingueiro.

De graça lhe foi tornado,
mas custou muito dinheiro
ao neto, que foi terceiro,
para ser desempenhado.
      Foi mui caro resgatado
      (ditoso de ti, moleiro!)
      teu pelote domingueiro.

Trinta e três anos andou,
sem temer nenhum perigo,
moendo-se como trigo,
até que o desempenhou.
      Com seu sangue, resgatou
      para o pobre do moleiro,
      o pelote domingueiro.

É-vos ele debruado
com seda de muitas cores,
que são os golpes e dores
com que agora foi comprado.
        Fica muito mais honrado
        que dantes, o atafoneiro,
        com tão fino domingueiro.

Se tinha muitos botões
o saio, na dianteira,
tem agora, na traseira,
mais de cinco mil cordões
        — os açoites e vergões
        com que o neto do moleiro
        fez tornar o domingueiro.

Traz cinco botões somente,
mais formosos que os primeiros,
que são os cincos agulheiros,
que fez a maldita gente
        em o corpo do inocente,
        para tornar-se ao moleiro
        tão galante domingueiro.

Moleiro bem escançado,[18]
que tal ventura tiveste
(pois o saio, que perdeste,
de graça te foi tornado),
        se não fora o enforcado,
        puderas dizer, moleiro:
        "Fogo viste, domingueiro".[19]

---

18 "Escançado": afortunado.
19 "Fogo viste, domingueiro." Entenda-se: "Duraste pouco, domingueiro!"

Nem te bastara poupar
as maquias do moinho,
nem deixar de beber vinho,
nem seis meses jejuar,
        para poder ajuntar
        tanta soma de dinheiro,
        que comprasses domingueiro.

Nem bastaram petições
em que foram bem compostas,
nem que levaras às costas,
muitos sacos d'aflições.
        Só as dores e orações
        deste teu neto, moleiro,
        ganharam o domingueiro.

A ele foi concedido
e por isso nu nasceu,
e depois, quando cresceu,
foi de púrpura vestido
        e na cruz todo moído,
        por que tu, pobre moleiro,
        cobrasses teu domingueiro.

Já'gora podes sair
com pelote damascado,
d'alt' a baixo pespontado,
que a todos pode cobrir.
        Já podes bailar e rir
        e dar voltas em terreiro,
        com tão fresco domingueiro.

Bem podes sempre trazê-lo
em domingo e dia santo,
e em somana, sem quebranto
que t'hajam de dar por elo,
   bem cingido com ourelo.
   De justiça, bom moleiro,
   guardarás teu domingueiro.

As moças já podem ter
amores de teu pelote,
e vestir-se tal chiote,
se formosas querem ser.
   Já podem todas dizer:
   "Viva o neto do moleiro,
   que nos deu tal domingueiro!

Viva o segundo Adão,
que 'Jesus' por nome tem!
Viva Jesus, nosso bem,
Jesus, nosso capitão!
   Hoje, na circuncisão,
   se tornou Jesus moleiro
   por tornar o domingueiro".

Carta da Companhia de Jesus para o seráfico São Francisco

Depois de tudo criado
por conto, peso e medida,
disse Deus: "Seja formado
o homem, como treslado
de nossa imagem subida".
        E criou
        a Adão, a quem dotou
        da semelhança divina.
        Mas foi tal sua mofina,
        que mui depressa borrou
        aquela imagem tão dina.

Mas Cristo, Deus humanado,
glorioso São Francisco,
para limpar o treslado,
que Adão tinha borrado,
pondo o mundo em tanto risco,
        quis pintar,
        e consigo conformar
        a vós, de dentro e de fora,
        com graça tão singular,
        que vos podemos chamar,
        homem novo, em quem Deus mora.

Ó formoso patriarca,
ó ilustre capitão
da sagrada religião,
dentro da qual, como em arca,
se salva o povo cristão!

    Vós sois aquele varão
    cheio de justiça e fé
    e de toda perfeição,
    figurado, com razão,
    no justo e santo Noé.

Noé fez a grande arca
em que o homem racional,
junto co'o bruto animal,
escapassem, como em barca,
do dilúvio universal.

    Vós, por ordem divinal,
    na religião, que fizestes,
    a bons e maus recebestes,
    e livres d'água[20] mortal,
    a Deus vivo os of'recestes.

Vós sois o grande varão
que de Deus fostes achado
segundo seu coração,
e no pai de Salomão
altamente figurado.

---

20 "Água": mancha.

    O qual, como desprezado
    por ser o filho menor,
    sendo d'ovelhas pastor,
    apascentava seu gado
    com grã cuidado e amor.

Davi, com grande vigor,
um leão mui carniceiro
e um urso roubador,
co'o gigante espantador
matou, com ser ovelheiro.

    Este tal, por derradeiro,
    Deus o fez rei de Israel,
    salvando o povo fiel
    por este grã cavaleiro,
    de toda a gente cruel.

Vós vos tínheis por menor,
tendo a todos por maiores,
e maior dos pecadores,
tendo-vos Deus por maior
de todos seus servidores.

    Fez-vos pastor dos menores,
    uns dos quais foram cordeiros,
    mas mui fortes cavaleiros,
    outros, do gado pastores
    e guias, como carneiros.

Concedeu-vos tal poder
que leão, urso e gigante
matásseis, forte e constante,
mundo, carne e Lucifer
destruindo mui possante.

   Com tal capitão diante,
   aumentou-se a fé e lei
   da igreja militante,
   e vós, já na triunfante,
   sois coroado por rei.

Trepando sem nenhum medo
o príncipe Jônatas,
com seu criado de trás,
por um áspero penedo,[21]
alcançou vitória e paz,
   cometendo
   o exército tremendo
   dos imigos, de repente.
   E, com ânimo valente,
   suas forças desfazendo,
   salvou toda sua gente.

---

21 Alusão, talvez, ao penedo da Penha, onde se estabeleceram os franciscanos.

AO P. BARTOLOMEU SIMÕES PEREIRA[22]

1º — Muito há que receamos
vossa vinda, bom pastor,
para que Nosso Senhor
nos conceda o que esperamos.

Esperamos de alcançar
a confirmação da graça,
a qual a todos nos faça
até o fim perseverar.

    2º — Perseverar não podemos,
    se Deus abre de nós mão,
    mas com a confirmação,
    que trazeis, fortes seremos.

---

22 O padre Bartolomeu Simões Pereira, administrador eclesiástico, chegou ao Espírito Santo em 1º de julho de 1591, data que se poderia relacionar com esta peça, porquanto peças seguintes referem-se aos festejos de 15 e 25 de julho. Bartolomeu Simões Pereira era amigo particular de Anchieta e, indisposto com a Companhia, procurou refúgio no Espírito Santo. Estava em Vitória ainda em 1595.

Seremos mui confirmados
com este sagrado ungüento
e divino sacramento,
com que seremos crismados.

3º — Crismados receberemos
a graça, com fortaleza,
para cobrar a limpeza
que, pela culpa, perdemos.

Perdemos a caridade,
quando amamos o pecado,
mas, pois somos vosso gado,
curai nossa enfermidade.

4º — Enfermidade mortal
é a culpa, mas por vós
seremos curados nós,
com o crisma divinal.

Divinalmente escolhido
fostes, para nos crismar,
para Deus nos aceitar
por seu gado mui querido.

5º — Querido sejais, pastor,
do pastor que, de seu gado
vos fez pastor e prelado
e grande administrador.

Administrador somente
sois agora, mas sejais
bispo santo, que rejais
vosso gado santamente.

Ao P. Bartolomeu Simões Pereira

Onde vais tão apressado,
periquito tangedor?
— A ver nosso bom pastor.

— Para que queres andar
e correr com tanta pressa?
— Para ver nossa cabeça,
que nos vem a visitar.
   Digno é de festejar,
   com cantares de louvor,
   este nosso bom pastor.

— E tu sabes quem nos deu
este pastor excelente?
— O pastor onipotente,
que por seu gado morreu.
   Chama-se Bartolomeu,
   grande servo do Senhor,
   este nosso bom pastor.

— E que sobrenome tem?
— Ouvi dizer que Simões.
— Ganharemos mil perdões,
pois em nome de Deus vem.

      Não desconfie ninguém
      do soberano favor,
      pois que temos tal pastor.

— Tens ouvido
outro nome e apelido,
que tem lá na derradeira?
— Imagino que "Pereira",
      que dá fruto mui subido,
      com exemplo conhecido
      de doutrina e bom odor,
      para o gado do Senhor.

Dize tu, qual é o gado
que ele vem apascentar?
— O povo deste lugar,
pelos padres batizado.
      E será bem confirmado
      na fé de Nosso Senhor,
      pela mão deste pastor.

— E que traz para nos dar?
— Um óleo sagrado e bento
que se chama sacramento,
com que nos há de crismar.
      Para poder pelejar
      contra Satanás traidor,
      com ajuda do pastor.

— E quem pode confirmar
se não há bispo sagrado?
— Também o nosso prelado,
pois o papa lho quer dar
    e por isso quis chamar
    outro bispo, com louvor,
    o nosso administrador.

— Segundo isso, parece
que a mitra só lhe falta?
— Isso é cousa mui alta,
mas ele bem a merece.
    — Oh! se ora Deus quisesse
    que viesse tal honor
    para nosso bom pastor?!

— Vamos-lhe a beijar a mão.
— Sou contente.
Dar-nos-á sua benção
santamente.
    — Diremos a nossa gente,
    que venham a dar louvor
    ao nosso bom pastor.

E vos manda pôr tenção,
senhor administrador,
que façais, com grã fervor,
que se aumente a conversão
para glória do Senhor.

BIBLIOGRAFIA DO AUTOR

Anchieta. Obras na Biblioteca Nacional. Rio de Janeiro: Fundação Biblioteca Nacional/Brasília: Departamento Nacional do Livro, 1997.
Arte de gramática da língua mais usada na costa do Brasil. Salvador: UFBA, 1981.
Cartas inéditas. Rio de Janeiro: Ed. FGV, 1989.
Cartas, informações, fragmentos históricos e sermões. Belo Horizonte: Itatiaia/São Paulo: Edusp, 1988.
Cartas: correspondência ativa e passiva. São Paulo: Loyola, 1984.
De gestis Mendi de Saa. Rio de Janeiro: Fundação Biblioteca Nacional/ Brasília: Departamento Nacional do Livro, 1997.
De gestis Mendi de Saa. Poema épico. São Paulo: Loyola, 1986.
Diálogo da fé. São Paulo: Loyola, 1988.
José de Anchieta: poesia. Rio de Janeiro: Agir, 1982.
Lírica espanhola. São Paulo: Loyola, 1984.
Lírica portuguesa e tupi. São Paulo: Loyola, 1984.
Morte póstuma: contos. Belo Horizonte: Armazém de Idéias, 2003.
Na festa de São Lourenço: um auto. São Paulo: Comissão do IV Centenário da Cidade de São Paulo, 1954.
O auto de São Lourenço. Rio de Janeiro: Ediouro, 1997.
O poema da Virgem (de Beata Virgine Matre dei Maria). São Paulo: Paulinas, 1954.
O poema de Anchieta: sobre a Virgem Maria Mãe de Deus (de Beata Virgine Matre dei Maria). São Paulo: Paulinas, 1996.
Poema da bem-aventurada Virgem Maria, Mãe de Deus. São Paulo: Loyola/ INL, 1980.

Poemas: lírica portuguesa e tupi. São Paulo: Martins Fontes, 1997.
Poesias. Belo Horizonte: Itatiaia/São Paulo: Edusp, 1989.
Teatro. Auto de São Lourenço. Auto "na Aldeia de Guaraparim". São Paulo: Martins Fontes, 1999.
Textos históricos. São Paulo: Loyola, 1989.

BIBLIOGRAFIA SOBRE O AUTOR

ARAÚJO, Jorge de Souza. *Pegadas na praia*: a obra de Anchieta em suas relações intertextuais. Florianópolis: Editus, 2003.

AZEVEDO FILHO, Leodegário A. de. *As poesias de Anchieta em português*. Estabelecimento do texto e apreciação literária. Rio de Janeiro: Antares/Brasília: Instituto Nacional do Livro, 1983.

CARVALHO, Ana Maria de Bulhões. *Anchieta*. Rio de Janeiro: Salamandra, 1989.

CAXA, Quiricio. *Primeiras biografias de José de Anchieta*. São Paulo: Loyola, 1988.

ELTON, Elmo. *Anchieta*: sonetos escritos quando da beatificação do jesuíta, em junho de 1980-1984. Vitória: Instituto Histórico e Geográfico do Espírito Santo, 1984.

KARNAL, Leandro. *Quando Anchieta chegou ao Brasil*. São Paulo: FTD, 1998.

KISIL, André. *Anchieta, doutor dos índios*: um missionário curando almas e corpos. Campinas: RG Editores, 1996.

MAIA, Pedro Américo. *José de Anchieta*: o apóstolo do Brasil. São Paulo: FTD, 1997.

MINDLIN, Dulce Maria Viana. *José de Anchieta*: no limiar da santidade. Goiânia: Kelps, 1997.

MOREAU, Filipe. *Os índios nas cartas de Nóbrega e Anchieta*. São Paulo: Annablume, 2003.

MOTTA, Marcus Alexandre. *Anchieta*: dívida de papel. Rio de Janeiro: Ed. FGV, 2000.

MOUTINHO, Murillo. *Bibliografia para o IV centenário da morte do beato José de Anchieta*: 1597-1697. São Paulo: Loyola, 1999.

PALHANO JÚNIOR, L. *As chaves do reino*: seguindo os passos de Anchieta. Niterói: Lachâtre, 2000.

PORTUGAL, Wagner Augusto. *Vida do Padre José de Anchieta*: o Apóstolo do Brasil. Aparecida: Santuário, 2001.

QUEIROZ FILHO, Antônio de. *A vida heróica de José de Anchieta*. São Paulo: Loyola, 2000.

RAMOS, Luciano. *José de Anchieta*: poeta e apóstolo. São Paulo: Paulinas, 2003.

SCHNEIDER, Roque. *José de Anchieta*: seu perfil e sua vida. São Paulo: Loyola, 1980.

THOMAZ, Joaquim. *Anchieta*. Rio de Janeiro: Americana, 1954.

Este livro foi composto em requiem e impresso pela Ediouro Gráfica sobre papel offset 75G/M² da Ripasa. Foram produzidos 3.000 exemplares em julho de 2005 para a editora Agir.